SPOT

RECORRIDO POR LA CIUDAD

ESTACIÓN DE BOMBEROS

por Alissa Thielges

amicus
LEARNING

alarma

dársena

Busca estas palabras e imágenes mientras lees.

dormitorio

casilleros

¡Un incendio! ¡Ay, no!
Un camión de bomberos sale
de la estación.
¡La ayuda está en camino!

Los bomberos apagan incendios.
Ellos trabajan en una estación de bomberos.

Mira el dormitorio.
Aquí duermen los bomberos.
Están de guardia para ayudar.

dormitorio

alarma

Mira la alarma.

Suena cuando hay un incendio.

Suena ruidoso.

casilleros

Mira los casilleros.

Aquí se guarda el equipo.

Los bomberos se visten

rápidamente.

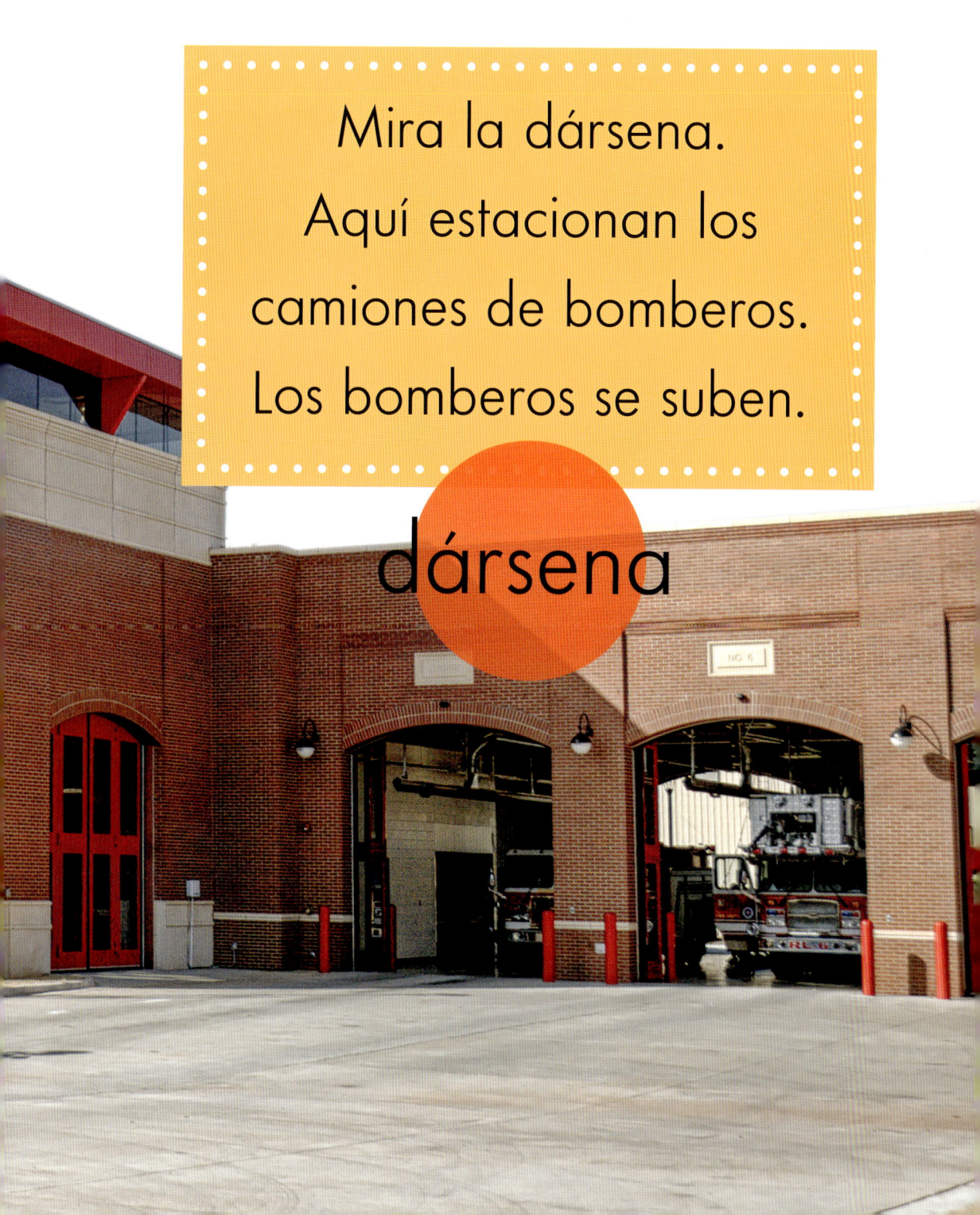

Mira la dársena.
Aquí estacionan los
camiones de bomberos.
Los bomberos se suben.

dársena

¡Es hora de apagar otro incendio!
La estación está lista noche y día.

alarma
Mira la alarma.
Suena cuando hay un incendio.
Suena ruidoso.

Mira la dársena.
Aquí estacionan los
camiones de bomberos.
Los bomberos se suben.
dársena

alarma

dársena

¿Lo encontraste?

dormitorio

casilleros

Mira el dormitorio.
Aquí duermen los bomberos.
Están de guardia para ayudar.
dormitorio

casilleros
Mira los casilleros.
Aquí se guarda el equipo.
Los bomberos se visten
rápidamente.

SPOT

Publicado por Amicus Learning, un sello de Amicus
P.O. Box 227, Mankato, MN 56002
www.amicuspublishing.us

Library of Congress Cataloging-in-Publication Data
Names: Thielges, Alissa, 1995– author.
Title: Estación de bomberos / by Alissa Thielges.
Other titles: Fire station. Spanish
Description: Mankato, MN : Amicus Learning, [2025] |
    Series: Recorrido por la ciudad | Audience: Ages 4–7 |
    Audience: Grades K–1 | Summary: "A search-and-
    find book about fire stations reinforces new Spanish
    vocabulary to build reading success while close-up
    images of places and buildings captivate young
    audiences. A great early social studies book to
    inspire learning about communities on field trips for
    kindergartners and first graders. North American
    Spanish translation"—Provided by publisher.
Identifiers: LCCN 2023045282 (print) | LCCN 2023045283
    (ebook) | ISBN 9781645499305 (library binding) |
    ISBN 9798892000239 (ebook)
Subjects: LCSH: Fire fighters--Juvenile literature. | Fire
    stations--Juvenile literature.
Classification: LCC HD8039.F5 T5513 2025 (print) |
    LCC HD8039.F5 (ebook) | DDC 628.9/2—dc23/
    eng/20231031
LC record available at https://lccn.loc.gov/2023045282
LC ebook record available at https://lccn.loc.
    gov/2023045283

Rebecca Glaser, editora
Deb Miner, diseñador de la serie
Kim Pfeffer, diseñador de libro y
investigación fotográfica

Créditos de Imágenes: 123rf/
acceptphoto, 14, fintastique, 1,
wittybear, 9; Alamy Stock Photo/
Hum Images, 6–7, Luciano Mortula,
cover; Deposit Photos/photo.eccles,
3; Dreamstime/Justin Brotton, 12–13;
iStock/Tinieder, 10–11; Shutterstock/
Nick Starichenko, 4–5

Impreso en China

ESTACIÓN DE
BOMBEROS